Deine „Wünsch-dir-was-Seite"

Hier kannst du dir jeden Tag eine Geschichte aussuchen. Zeig einfach mit dem Finger auf eines der Bilder und lass dir deine Lieblingsgeschichte vorlesen.

© 2012 Esslinger Verlag J. F. Schreiber
Anschrift: Postfach 10 03 25, 73703 Esslingen
www.esslinger-verlag.de
Alle Rechte vorbehalten
ISBN 978-3-480-22863-8

Esslingers Erzählungen für die Allerkleinsten

Geschwistergeschichten

Erzählt von Julia Breitenöder　＊＊＊　Mit Bildern von Kirsten Schlag

esslinger

1

Ab heute große Schwester

Oma steht vor Pias Bett. „Aufstehen, das Baby ist da!"
Pia ist sofort hellwach. „Na endlich!" So lange hat sie sich schon auf ein Schwesterchen gefreut! Blitzschnell schlüpft Pia in ihre Kleider.
Da kommt Papa rein. Sein Kinn ist stoppelig und das Hemd verknittert, aber er strahlt übers ganze Gesicht. „Komm, große Schwester! Wir fahren ins Krankenhaus. Dein Bruder möchte dich kennenlernen!"
Bruder? Moment mal. Da stimmt was nicht. Das kann nicht sein!
„Ich wollte doch eine Schwester!", ruft Pia. Kleine Brüder sind Kaputtmacher und Störenfriede, das weiß doch jeder. So einen will sie nicht, auf keinen Fall!
Papa lacht nur. Er nimmt Pia einfach auf den Arm, tanzt mit ihr durchs Zimmer und trägt sie zum Auto.
„Aber ich guck das Baby nicht an!", schmollt Pia.
Papa sagt gar nichts und grinst. Auf der ganzen Fahrt pfeift er fröhlich vor sich hin. Pia hält sich die Ohren zu.
Mama liegt im Bett und lacht Pia an: „Hallo, meine Große!"
Pia klettert aufs Bett und gibt Mama einen Kuss. Aber was ist denn das? Etwas hat ihren Finger gepackt. Genauer gesagt: jemand. Mama hält das Baby im Arm, und es umklammert Pias Finger mit seiner kleinen Hand.
Nun muss sie doch mal gucken. Das ist also ihr Bruder. Er sieht gar nicht aus wie ein blöder Kaputtmacher, sondern ganz rosig und weich. Richtig niedlich.
Vielleicht ist ein kleiner Bruder ja doch was ganz Tolles …

2 Was trippelt in der Dunkelheit?

Annika und ihre große Schwester Marie übernachten heute bei Tanta Clara. Als sie in ihren Betten liegen, erzählt Tante Clara noch eine Gute-Nacht-Geschichte und singt ein Schlaflied. Dann gibt es einen Kuss für Annika und einen Kuss für Marie. „Gute Nacht, ihr Mäuse, schlaft gut!" Tante Clara schließt die Tür hinter sich.

Annika starrt in die Dunkelheit. Plötzlich hört sie komische Geräusche. Ein Rumpeln, Quietschen und Knarren! Was ist das?

Annika zieht die Decke über den Kopf. Jetzt wäre sie gern bei Mama und Papa im Bett. Mama sagt dann immer: „Da ist doch gar nichts!" und lässt Annika im großen Elternbett schlafen. Aber Mama ist nicht da.

„Möchtest du zu mir ins Bett kommen?", flüstert Marie.

Sofort steht Annika auf und tappt durchs Zimmer. Marie rückt zur Seite, und Annika schlüpft unter die Decke.

„Hörst du das?", fragt Marie. Annika nickt.

„Das sind die Schlafschafe."

„Was ist das?", will Annika wissen.

„Na, die Schäfchen, die man zählt, wenn man nicht einschlafen kann. Jeden Abend lässt ihr Hirte sie über Zäune springen, bis alle Menschen schlafen", erklärt Marie.

„Wohnen die etwa bei Tante Clara?", fragt Annika.

„Nein. Heute sind sie hier und morgen woanders", antwortet Marie. Annika kuschelt sich zufrieden an ihre Schwester. Jetzt kann sie sicher einschlafen. Wie gut, dass sie Marie hat, die fast alles weiß.

3

Das Tauschgeschäft

Paul steht am Fenster und schaut in den Garten. Dort spielt Leon mit seinem großen Bruder Finn Fußball.
„Ich hätte auch lieber einen großen Bruder als eine kleine Schwester", murmelt Paul und guckt hinüber zu Ella. Die schmeißt gerade alle Bauernhoftiere um, die er mühsam aufgestellt hat, und kaut auf einer Holzkuh herum. Paul springt auf und rennt die Treppe runter.
Finn hat mal wieder ein Tor geschossen und jubelt: „Zehn zu null!" Schimpfend tritt Leon gegen die Regentonne.
„Wollen wir Geschwister tauschen?", fragt Paul.
Leon strahlt. „Au ja! Mit Ella kann man prima spielen!" Schon ist er im Haus verschwunden.
„Du gehst ins Tor", bestimmt Finn. Er schießt ein Tor nach dem anderen. Paul muss immer der Torwart sein. Nur wenn der Ball über den Zaun segelt, darf er hinterherlaufen und ihn zurückholen.
Plötzlich steht Linus neben dem Tor. Der hat es auf Paul abgesehen. Natürlich fängt er gleich wieder an: „Wer ist faul? Nur der Paul!"
Doch heute hat Paul ja einen großen Bruder. Gleich wird Finn sich Linus vornehmen und ihm sagen, dass er Paul gefälligst in Ruhe lassen soll. Aber Finn denkt nicht dran. Er steht neben Linus und lacht sich schlapp. Paul beißt sich auf die Lippen. Auf einmal hat er richtig große Lust auf Bauernhofspielen. Mit Ella.
Paul lässt Finn und Linus einfach stehen und stürmt die Treppe hoch. Oben spielt Leon mit Ella. „Tut mir leid", sagt Paul. „Ich möchte meine kleine Schwester zurück. Du musst Finn behalten."

Eine ganz besondere Überraschung

Morgen ist Weihnachten! Jule drückt den Knopf am CD-Spieler und hört zum zehnten Mal ‚Ihr Kinderlein, kommet'. Was der Weihnachtsmann ihr wohl bringen wird? Jule ist ganz kribbelig vor Aufregung.
Mama anscheinend auch, sie läuft schon den ganzen Tag singend durch die Wohnung. „Wenn Papa kommt, gibt es eine Überraschung!", hat sie gesagt.
Seitdem grübelt Jule, was das wohl sein mag. Vielleicht der Weihnachtsbaum?
Endlich kommt Papa. Aber ohne Baum. Er nimmt Jule huckepack und trägt sie rüber zur Kuschelecke. Mama setzt sich auch dazu. Die beiden gucken ganz wichtig.
„Heute bekommst du ein kleines Brüderchen", verkündet Mama.
Wie? Was? Jule guckt auf Mamas Bauch. Der ist so flach wie immer. Da ist bestimmt kein Baby drin. Wollen die sie veräppeln?
Mama nimmt Jule in den Arm. „Du weißt ja, dass wir dich als kleines Baby adoptiert haben. Denn deine Mutter, die dich geboren hat, konnte dich nicht behalten. Aber sie wollte, dass du eine liebe Familie bekommst."
Jule nickt. Klar, das weiß sie, und sie ist schrecklich froh, dass sie zu Mama und Papa gekommen ist.
„Und bei einem kleinen Jungen namens Jonas ist es jetzt genauso. Er braucht eine Familie – und die beste große Schwester der Welt."
Das Kribbeln in Jules Bauch wird noch stärker. Wer hätte gedacht, dass der Weihnachtsmann auch kleine Brüder bringt?
Jule springt auf. „Dann lasst uns schnell fahren, damit mein Bruder nicht so lange warten muss!"

Zwillinge machen alles zusammen

„Tom ist krank", sagt Papa, als er Ben am Morgen weckt. „Du musst heute allein in den Kindergarten."
Allein? Ben schüttelt den Kopf. „Das geht nicht. Zwillinge machen alles zusammen!"
Papa lacht. „Naja, nicht alles! Ihr seid nicht zusammen krank geworden." Tom liegt auf dem Sofa und ist ganz blass.
„Doch! Ich bin auch krank. Ich krieg schon Bauchschmerzen", jammert Ben.
Papa guckt ihn an. Dann zwinkert er Ben zu. „Na gut, wenn du auch krank bist, dann ab aufs Sofa mit dir."
Zwei Sekunden später liegt Ben neben Tom. Den ganzen Vormittag machen sie alles zusammen: Sie hören Papa beim Vorlesen zu, schlürfen Tee und gucken aus dem Fenster.
Nur in den Eimer spucken, das muss Tom allein.
„Kranke Zwillinge bekommen eine Suppe", verkündet Papa beim Mittagessen. Lustlos rührt Ben in seiner Brühe.
Papa isst Nudeln mit Tomatensoße. Ben würde gern mit ihm tauschen, aber er muss ja tun, was Tom macht. Und der löffelt brav seine Suppe.
Danach kuschelt er sich auf das Sofa und schläft. Ben ist gar nicht müde. Ihm ist langweilig, und wie!
Da klingelt es. Papa geht zur Tür.
Einen Moment später steht er wieder

im Zimmer. „Marc fragt, ob du mit ihm spielen möchtest."
Ben möchte gern, aber Tom kann ja nicht mit.
„Geh ruhig." Papa lächelt.
Ben überlegt. „Vielleicht machen Zwillinge doch nicht alles zusammen.
Aber wenn Tom wach wird, ist ihm sicher langweilig."
Dann hat er eine Idee: „Marc kann hoch kommen. Dann spielen wir später zu dritt."

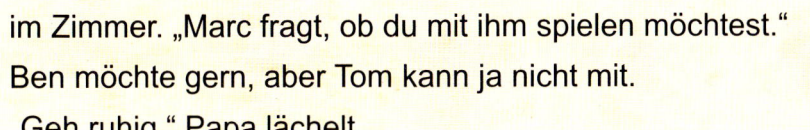

6

Neue Freunde für Luis

Heute kommt Peter zu Besuch, Mamas neuer Freund. Als Papa ausgezogen ist, war Mama lange sehr traurig. Dann hat sie Peter kennengelernt, und seitdem ist sie wieder froh.
Luis mag Peter. Er kennt viele Witze und weiß alles über Eisenbahnen.
Luis baut schon mal seine Modellbahn auf.
„Heute bringt Peter eine Überraschung mit!", sagt Mama geheimnisvoll.
Luis will sofort wissen, was es ist, aber Mama verrät nichts.
Endlich klingelt es, und Luis flitzt sofort zur Tür.
Peter wirbelt ihn zur Begrüßung durch die Luft. „Ich habe dir zwei Freunde mitgebracht. Das sind Julius und Lara."
„Peters Kinder", erklärt Mama. „Sie wohnen bei ihrer Mama."
Freunde? Der Junge ist viel größer als Luis, und das Mädchen guckt motzig.
„Zeig ihnen doch dein Zimmer", schlägt Mama vor.
Eigentlich wollte Luis mit Peter spielen. Aber er nimmt die beiden mit.

„Hier gibt's ja nur Babyspielzeug. Hast du keinen Computer?", fragt der Junge. Luis schüttelt den Kopf.

Das Mädchen seufzt. „Ist das öde!"

Was für Meckernasen! Luis baut seine Bahnstrecke weiter. Leider wackelt die Brücke. Eine Weile schaut Julius zu, dann geht er ins Wohnzimmer. Seine Schwester zieht ein Buch aus dem Regal und setzt sich aufs Bett. Luis lässt eine Lok den Berg hinunterdonnern.

„Mir ist langweilig", murrt Lara.

Luis zögert, dann hält er ihr seine Lieblingslok hin. „Möchtest du auch mal?"

Lara verzieht das Gesicht, hockt sich aber neben ihn. Sie lässt die Lok um die Kurve fahren und dann den Berg runtersausen. Grinsend schiebt sie die Lok wieder hoch. „Cool. Aber die Brücke wackelt."

Luis nickt. „Das krieg ich nicht besser hin."

„Was macht ihr?" Julius ist wieder da.

„Hilfst du uns, eine bessere Brücke zu bauen?", fragt Lara.

„Na gut, wenn ihr das nicht alleine schafft", sagt Julius und setzt sich zu ihnen.

Luis findet ihn nicht sehr nett, aber Brücken bauen, das kann er. Und eine tolle Kurvenstrecke. Bald sind auf dem ganzen Fußboden Schienen verlegt, und drei lange Züge sausen durchs Zimmer.

Plötzlich steht Peter in der Tür. „Das sieht ja toll aus", staunt er. „Aber jetzt müssen wir leider gehen."

„Schon?", fragt Lara.

Peter nickt. „Aber übernächstes Wochenende kommen wir wieder."

Als die drei ins Auto steigen, winkt Luis ihnen nach. Eigentlich freut er sich jetzt schon auf übernächstes Wochenende.

Das Geburtstagsrad

Vorsichtig schiebt Eva ihr neues Fahrrad auf den Hof. Das ist das beste Geburtstagsgeschenk der Welt! Ein richtiges Rad für große Kinder, knallrot und mit einer Klingel, die durch die ganze Straße schrillt.
Eva steigt auf. Da kommt ihr kleiner Bruder Jan angelaufen und klammert sich am Lenker fest. „Ich will auch ein Fahrrad!"
„Lass los!", schimpft Eva. „Dafür bist du noch zu klein. Du kannst Dreirad fahren."
Aber Jan will Fahrrad fahren. Er grabscht nach der Klingel.
„Mama!", ruft Eva.
Mama kommt und trägt den weinenden Jan zum Sandkasten.
„Lass Eva in Ruhe Rad fahren. Du kannst doch Baustelle spielen", schlägt sie vor.
Eva kurvt über den Hof. Das neue Rad fährt viel besser als ihr altes, kleines. Sie radelt am Sandkasten vorbei.
Jan spielt nicht Baustelle. Er guckt sie mit großen Augen an. Zwei Tränen kullern über seine Wangen.
Eva bremst. „Komm mit. Ich habe eine Idee." Sie steigt ab und läuft zum Schuppen. Jan tappt hinterher.
Dort steht Evas altes Fahrrad. Und drüben im Regal müssen irgendwo die Stützräder sein, die Mama abgeschraubt hat. Da! Eva befestigt sie am Rad. Fertig! Sie schiebt das kleine Rad neben ihr großes.
„Das ist jetzt deins", sagt sie und hilft Jan beim Aufsteigen.
Der strahlt Eva an. Seine Tränen sind getrocknet.
„Zu zweit macht Fahrradfahren sowieso
viel mehr Spaß!", lacht Eva.

Überall Brüder und Schwestern

Heute besucht Luca zum ersten Mal seinen neuen Freund Max. Der führt ihn gleich in sein Zimmer.
„Warum hast du zwei Betten?", fragt Luca überrascht.
Max zuckt die Schultern. „Eins gehört meinem Bruder Felix. Spielen wir Autorennen?"
Da stürmt ein Junge ins Zimmer: „Ist Felix da?" Max schüttelt den Kopf.
Luca staunt. „Wer war das denn?"
„Mein anderer Bruder, Florian", erklärt Max und lässt sein Auto starten.
Luca ist verwirrt. „Hast du noch mehr Brüder?" Max schüttelt den Kopf.
Nach einer Weile knurrt Lucas Magen. Spielen macht hungrig. Sie gehen in die Küche. Am Tisch sitzt ein Mädchen und schreibt in ein Heft.
„Das ist Anna", sagt Max.
„Deine Schwester?", fragt Luca erstaunt. Er kennt sonst niemanden, der mehr als zwei Geschwister hat.
Max nickt. „Große Schwestern sind prima. Sie kommen ohne Leiter an die Kekse auf dem Schrank." Lachend angelt Anna nach der Dose und gibt sie ihnen.
Zurück im Kinderzimmer wühlt jemand im Regal. „Weißt du, wo meine Schere ist?", fragt das Mädchen.
Luca zupft Max am Ärmel. „Anna war doch eben noch in der Küche. Wie ist sie so schnell hergekommen?", flüstert er.
„Das ist Finja, Annas Zwilling", grinst Max.
„Eine große Familie kann ganz schön verwirrend sein, was?", lacht Finja.
Luca nickt. „Hoffentlich langweilst du dich nicht, wenn du mich besuchst, Max. Ich habe keine Geschwister."

9

Ein tolles Team

„Du kriegst mich nicht!" Lilly wirbelt durchs Wohnzimmer. Immer wieder schafft sie es, Jannis zu entwischen. „Fang mich doch!"
Rummms!! Jannis ist gegen den Tisch gekracht. Jetzt liegt die Blumenvase auf dem Boden, das Wasser verteilt sich über den Teppich. Und das Schlimmste: Ein großes Stück ist abgebrochen.
„Mensch, Jannis! Pass doch auf!", schimpft Lilly.
Über Jannis' Wange kullert eine Träne. „Aber … ich wollte dich nur fangen", schluchzt er.
Da kommt Mama ins Zimmer. Als sie die Teppich-Überschwemmung und die zerbrochene Vase sieht, blitzen ihre Augen wütend. „Wie ist das denn passiert?"
„Ich … wir … das …", stottert Jannis.
„Das war ein Versehen", erklärt Lilly. „Wir haben gespielt." Jannis tut ihr leid, wie er mit rotem Kopf dasteht und versucht, die Tränen runterzuschlucken. Wenn sie nur nicht so schnell gerannt wäre!
Mit großen Augen guckt Jannis seine Schwester an.
Sie nimmt seine Hand. „Wir kleben das wieder."
Mama schaut von Lilly zu Jannis und zurück. Dann lächelt sie. „Wir teilen uns die Arbeit, einverstanden? Ihr klebt die Vase, ich wische auf."
Als Lilly mit dem Kleber zurückkommt, zieht Jannis die Nase hoch. „Danke, Lilly."
Lilly grinst ihn an. „Wir haben schließlich zusammen gespielt. Und wenn die Vase repariert ist, gehen wir in den Garten und ich fange dich."

Die Kleinste ist die Größte

Hurra! Heute fährt Papa mit Ole, Emma und Lisa zum Abenteuerspielplatz.
„Ich will auf die Riesenrutsche!", ruft Lisa.
„Du darfst nicht alleine rutschen", sagt Ole und zeigt auf ein Schild.
„Ein Erwachsener muss mit."
Also rutscht Lisa mit Papa. Der ist aber viel langsamer als Ole und Emma.
Bis sie unten ankommen, sind die beiden schon auf der Kletterburg.
Lisa klettert die Leiter hoch und rennt auf die Wackelbrücke. „Wartet auf mich!" Oh, oh, wie das schaukelt! Lisa klammert sich am Geländer fest.
Langsam und ganz vorsichtig trippelt sie über die schwankenden Bretter.
Emma und Ole sind längst wieder unten und laufen zum Bach. Sie wollen Floß fahren. Lisa möchte mit, aber Ole schüttelt den Kopf. „Du kannst doch noch nicht schwimmen."
„Schau mal, dort drüben ist der Bereich für kleine Kinder", sagt Papa.
„Ich bin nicht klein!", brüllt Lisa. Gucken geht sie trotzdem.
Ein Röhren-Irrgarten! Lisa schlängelt sich durch die engen Tunnel.
Das macht Spaß!
„Lisa, wo bist du?" Die anderen suchen sie.
„Fangt mich!", kichert Lisa und wartet.
Wo bleiben die denn? Sie krabbelt zurück und guckt um die Kurve.
Da kommt Emma angeschnauft. „Wie kannst du hier so schnell durchhuschen? Das ist ja total eng!" Ole schimpft. Fast wäre er in der Kurve steckengeblieben. Lisa robbt weiter. Am Ausgang wartet Papa.
„Gewonnen!", jubelt Lisa.
„Du bist die Größte!", lacht Papa und wirbelt sie durch die Luft.

Ein Bruder für Martha

„Heute holt Mama mich mit dem Baby ab", erzählt Linda im Kindergarten.
„Du hast es gut! Ich hätte auch gerne einen kleinen Bruder", seufzt Martha.
„So toll ist das nicht", findet Linda. „Der brüllt die ganze Nacht und hat immer die Windel voll. Und man kann gar nicht mit ihm spielen. Sei froh, dass dein Bruder viel größer ist!"
Martha runzelt die Stirn. „Noah spielt ja auch nie mit mir. Der hat nur seine Musik im Kopf. Ein kleiner Bruder wäre viel besser!"
Da kommt Lindas Mutter mit dem Kinderwagen. Martha läuft sofort hin. „Darf ich mal schieben?"
Sie darf. Ganz vorsichtig. Das Baby strampelt mit den winzigen Füßen und macht putzige Geräusche.
„Hättest du auch gern ein kleines Geschwisterchen?", fragt Lindas Mutter.
Martha nickt. „Mama wünscht sich auch ein Baby. Aber bis jetzt haben wir noch keins bekommen. Leider."
Da kommt plötzlich Marthas Bruder Noah um die Ecke. „Mama muss heute länger arbeiten", erklärt er und streckt Martha die Hand hin. „Wollen wir ein Eis essen gehen?"
Martha grinst. Wenn er nicht den ganzen Tag mit Kopfhörern herumläuft, ist Noah eigentlich ein ziemlich guter großer Bruder. Einen kleinen Bruder wünscht sie sich aber trotzdem noch – auf den passt sie dann genauso gut auf, wie Noah jetzt auf sie.

Weitere Titel aus dieser Reihe:

Zoogeschichten
ISBN 978-3-480-22363-3

Tiergeschichten
ISBN 978-3-480-22265-0

Bauernhof-Geschichten
ISBN 978-3-480-22579-8

Ostergeschichten
ISBN 978-3-480-22711-2

Prinzessinnen-Geschichten
ISBN 978-3-480-22468-5

Kuschelgeschichten
ISBN 978-3-480-22764-8

Einschlafgeschichten
ISBN 978-3-480-22171-4

Sandmännchen-Geschichten
ISBN 978-3-480-22491-3

Weihnachtsgeschichten
ISBN 978-3-480-22222-3

Christkindgeschichten
ISBN 978-3-480-22401-2

Adventsgeschichten
ISBN 978-3-480-22672-6